JÚBILO

JÚBILO

Félix Pillet

© Félix Pillet Capdepón
© Ilustración de portada: Juan Manuel de la Pena «Lupo»
© Fotografía de solapa: Emilia Sánchez
© Prólogo: Elena de Jongh

© Mahalta Ediciones
www.mahalta.es

Colección Adivinos n.° 30
Primera edición: marzo 2026

ISBN: 979-13-990232-8-2
Depósito Legal: CR 165-2026

Impreso en España

Mahalta Ediciones es un sello editorial de Añil Desarrollo Gráfico, S. L.
www.anil.es

Júbilo de tierra y de mar

En mi condición de hispanista estadounidense, soy autora de dos antologías de poesía española de la Transición, nacidos a partir de 1950: *Florilegium. Poesía última española* (Espasa-Calpe,1982) y *Con el paso del tiempo* (Vitruvio, 2025). He publicado, también, sobre literatura española de fin de siglo (Krausismo, Clarín, Pardo Bazán, autores del 98), feminismo y escritoras cubanas.

Conocí en Madrid a Félix Pillet en una tertulia de la revista *Ínsula* en octubre de 1977, cuando él estaba preparando su primer poemario. Desde entonces he seguido con atención sus sucesivas publicaciones de poesía. Hoy, al prologar este libro —casi medio siglo después— observo cómo el poeta convierte en materia lírica la experiencia de su jubilación y la celebración de una nueva etapa vital.

La lectura de *Júbilo* ha sido un verdadero placer. El tema específico de la jubilación, tal como se manifiesta en el libro, a mi parecer, ocupa un lugar singular dentro de la poesía española actual. Por supuesto que hay poemarios y poemas que tratan temas afines, como la libertad y nuevas ilusiones, el paso del tiempo, la vejez, la reflexión sobre el tiempo vivido y los recuerdos, pero este libro sugiere más un umbral vital que un final o «retiro». El título marca ese tono de celebración de la vida vivida y de gozo ante el futuro y le sugiere al lector que encontrará poemas que celebran el final de una etapa y el comienzo de otra distinta de retrospección y de oportunidades para la creatividad y el disfrute.

En esta nueva etapa el yo poético mira su pasado y ensaya una nueva forma de estar en el mundo. Y en esa transformación se deja atrás la etapa laboral y se empieza a contar el tiempo en recuerdos. La identidad ya no depende de la cátedra (o del oficio), sino de la experiencia y los logros acumulados.

El poemario se organiza en cuatro apartados, cada uno vinculado a los momentos y territorios más significativos de la vida del autor. Esta lograda estructura permite un recorrido de los lugares y experiencias vividos que han marcado su trayectoria. Desde la sección inicial «Vivir la vida» que abre con el poema «Laboro», se define el territorio vital y el geográfico («...una tierra.../ lejos del mar»), dejando constancia del mundo universitario que se deja atrás («Por el aire ya vuela/ la tiza de las manos») hasta la última parte, estos poemas convierten las memorias de lo vivido, los elementos autobiográficos y lo cotidiano en materia lírica. Así, el conmovedor «Desde el primer poema» sobre la madre del poeta. La segunda sección, «Poetas de tierra y de mar», remite a Ciudad Real y a Alicante, espacios fundamentales en su biografía. La tercera, «En el corazón»es amor y amistad, y la cuarta, «El entorno», su espacio vivido. Otros poemas que más me han gustado son: «La inspiración», «Precipicio», «Aquel mar interior», «La hoguera de la palabra», «Con la llanura a cuestas», «Mirarse en el silencio», «Dueto», «Cosas que hacer», «Andando entre cipreses», «60 otoños y primaveras», «Frente al mar» y «Una tarde en el pinar».

Los poemas que incluyen citas de poetas cuyos versos han servido de inspiración establecen un diálogo con la tradición (la cita de Jorge Manrique, por ejemplo, en «La piel») y con la lírica contemporánea (Luis Alberto de Cuenca, entre otros). Diría que de la combinación de esos dos enfoques: el tema de la jubilación y la inspiración en otros poetas surge una poesía especialmente rica que, desde la madurez, celebra la continuidad de la vida, de la tradición literaria y de la palabra poética.

ELENA DE JONGH

Voy a cumplir con todos
porque debo
a todos mi alegría.
PABLO NERUDA

Mi vida tiene forma de camino,
y un fondo de verdad en la maleta.
Laura Campmany

I
Vivir la vida

LABORO

Recorrido y final de una etapa
en una tierra que era nueva,
lejos del mar.

Las ideas se cocinaban día a día
con la ventana abierta
y preguntas esperadas.

Una página en blanco
se convertía en un laberinto
de invisibles.

Las letras se expandieron,
el territorio saltó las fronteras.

Por el aire ya vuela
la tiza de las manos.

La piel

todo se torna graveza
cuando llega el arrabal
de senectud.

JORGE MANRIQUE

No es la muerte
lo que toca,
es la piel, ya no está tersa.
Envoltorio de realidades.
De joven
me emocioné con versos
del transcurrir de la vida,
de los ríos,
qué sabor tienen ahora.

Un hueco libre me aguarda
bajo esa vieja piedra
con apellidos extranjeros,
rezumando humedad y luz.
Te esperaré boca arriba
bronceado de sol.

Desde el primer poema

Me dejaste, madre,
un cargamento de rimas.
Recitabas tus poetas,
muchas veces repetidos.
Los años velaron tus ojos,
ya no podías leer.

A cuatro manos,
las tuyas y las mías,
te escribí el primer poema.

Un agosto, ya lejano,
en la huerta, en el alfaz,
cerrabas los ojos
a la vida.

Aquí sigo,
sembrando palabras.

Respeto

De niño, en el colegio,
confrontábamos en dos bandos
las preguntas del examen.

A veces la vida
es un juego de frentes,
de hablar sin escuchar,
de levantar la voz
sin pensar.

Padre,
cuando las ideas
más nos separaban,
sentí tu respeto hacia mí,
supe entender
a los demás.

DESDE LA MAÑANA

> Vivir, morir, tal vez, pero a mis anchas.
>
> CARMEN JODRA

Por la ventana
entra el sol naciente.
Con las primeras luces,
lejano ya el amanecer,
por un camino de libros,
pedaleo kilómetros,
leyendo titulares de prensa.
El remanso de las horas
dará lugar para releer.

Pasear de la mano,
descubrir lo profundo
donde guardo las realidades.

En la medianoche

Se ha visto al docto profesor que no entiende
hablar largamente de lo que no entiende.

Vicente Aleixandre

Profesores sin aula,
habladores,
luz para diseccionar.

En el filo de un día a otro,
con equilibro de ideas,
la pantalla de *La noche*
me permite dormir.

La verdad

Pues amarga la verdad,
quiero echarla de la boca.
Francisco de Quevedo

El silencio
de las palabras muertas,
el veneno
de las miradas extraviadas,
el callar por no difamar.

Una mentira
es una columna de humo
que ciega la mente,
agría el rostro,
avinagra la sangre.

Libros

Déjame en un rincón con este libro
el don más puro de la soledad.
CARLOS MURCIANO

En mis manos os tengo
saboreando vuestro olor.
Páginas marcadas
que dejan constancia
de agrado.

Bajo el brazo he llevado
por tierra, mar, aire
y subterráneos,
ensayos, poemarios
y novelas
cuando mayor me hice.

La inspiración

El cantautor, de voz ronca,
nos envuelve
con viejas y nuevas canciones.

En el chiringuito de la lonja,
la brisa deja pasar la tarde,
los barcos flotan tranquilos,
anochece con luz tibia.

La inspiración
vino a mis manos,
como viento fugitivo.

Coincidencias en noviembre

En noviembre
nacimos,
nos encontramos,
llegué a la ciudad
que cambió mi vida.

Un miércoles de otoño
cuando comienza Sagitario,
me paría mi madre.
Me gusta celebrar
un año más,
soleado el día.
Para morir,
prefiero los nublados.

AULA DE POESÍA

Solo un cuaderno de apuntes
guardo del bachillerato,
listado de autores,
de obras literarias.

En la facultad
robaba horas a la geografía,
por poesía española.
José Hierro
paseaba entre pupitres,
recitando versos.
Vida fue el certificado
de su grandeza.

Un pasado francés: homenaje

Las palabras que he escrito no son mías
aunque también a mí me pertenezcan.
ELOY SÁNCHEZ ROSILLO

Hugo, Rimbaud, Valéry,
Baudelaire, Apollinaire,
Verlaine, Éluard,
os escucho:

La luna serena estaba
y jugaba con las olas.
Las estrellas dulcemente
crujían.
El viento retorna,
intentaremos vivir.
La calle, aturdida,
aullaba a mi alrededor.
Hoy llora en mi corazón
como llueve en la urbe.

Tú, el único amor
y la belleza única.
Nací para conocerte
y nombrarte, libertad.

Precipicio

Folio blanco,
vertedero de conciencias,
rambla de lluvias verticales,
precipicio de flores escarchadas,
fondo azul de aguas
donde germinan pensamientos
y voces que desgarran.

Yo no sé cómo me avendré con ellos,
los puestos se lamentan, los no puestos
gritan, yo tiemblo destos y de aquellos.

Miguel de Cervantes

II
Poetas de tierra y de mar

II (1)
Poetas de tierra

TINTA NEGRA

Se nos fueron los días como el agua
NICOLÁS DEL HIERRO

El poeta se despide
de una vida que se apaga,
de unos labios que se entrecruzaron
con los suyos,
de un amor
en el temporal montañoso
del río que se hizo camino.

En la calima de una siesta
de agosto,
extendió su mano
afectuosa.

Aquel mar interior

El río de tus versos
se hizo contagioso.
Ahora que ya no estás,
los recojo en el estanque
de la evocación:

Marinero de músicas,
océano de partituras,
en tu barco Polonesa
buscas a Dios
en el timón de los vientos.

Mezclando tu voz con el coro
de las olas, de las velas,
cantas al río de azules,
a tu patria, a dos gaviotas.

Versos de agua,
de añoranza y soliloquio,
hilvanados con maromas
y agujas de ancla.

Sumérgete en el fondo
de las algas, de los peces,
de las palabras, sin miedo...
a naufragar.

Sorpresa en blanco

> Tu piel junto a mi piel, eso es el lenguaje.
>
> Félix Grande

Con solo dos años
llegó a la llanura del vino,
su padre y él
vendimiaron ubres.

Los espirituales
rompían cristales,
rezaban en blanco
el fin de todas las guerras.

Amó a los sufridores,
a los del poema y el cante,
a la esposa cálida,
a lo degenerado y dulce.

Me llamaste padrino
por tu *Carta abierta*.

La hoguera de la palabra

Es buena tierra la palabra.
PEDRO A. GONZÁLEZ MORENO

El hombre viaja de noche
al interior de un poema,
dando brazadas
entre adjetivos y metáforas.

Construidos los versos,
prende la llama
de las tristezas rotas,
en las cenizas de la tierra.

Con la muerte en la palabra
busca sus raíces
en los paisajes de la infancia,
en la lava de los recuerdos.

Viaje al paisaje

Enséñame la ruta de los cielos,
el rumor ronco del espacio vacío
ÁNGELA VALLVEY

Viajar al Cosmos
permite charlar al atardecer
con la luna y las estrellas.
Abajo, golpea el mar
contra la tierra despeinada
de árboles.

En el globo de gas y fuego
acompañan el silencio,
los besos de tu boca,
la fiambrera
con duelos y quebrantos
y el mapa
de los puntos cardinales.

AIRE DE MONTAÑA

quiero la voz desnuda
en el poema
FRANCISCO CARO

El poema se desnuda
en cada verso,
pasea por la calle,
acompañado.

Su mundo es un patio,
donde caben todas las especies
de la sierra.
Cuando la noche sobrevuela,
los poetas conversan
alrededor de su copa.

El mar no está ausente,
en su oleaje trajo
una sirena varada.

CON LA LLANURA A CUESTAS

a la inmensidad de este paisaje
MIGUEL GALANES

Las aguas de sus versos
se desparraman por la llanura
y su río naufraga en cada esquina.
Los afluentes de las calles
confluyen en un mar de rotondas.

El vacío del aire
es el cauce de todos los sentidos,
en naturaleza imposible.

Estamos en el borde
de la distancia.

Amor-desamor

Esta tierra que tanto hiere y tanto se ama.
ANTONIA CORTÉS

La tierra
no es un conjunto
de sierras con encinas
y llanuras con amapolas,
es algo más.
Es un vino que embriaga,
es un disparo en el aire,
es la noticia de la pérdida,
es el amor que se escapa,
es la reunión...
de los que se aman.

Quiero buscar en ella
mi destino.

BRISA DE VOCES

> Se ha levantado brisa.
> Se oyen voces lejanas.
> JOSÉ CORREDOR-MATHEOS

Del campo ancho
llegaste al mar infinito,
por un camino de caracolas.

Andando sobre la arena
con el viento de levante
arremolinado,
la brisa te ha traído
ecos y voces
de lugares diversos.

Marinero de cardenchas.

Sinfonía de transparentes

Abro mi mano; mi mano habla.
FEDERICO GALLEGO RIPOLL

Abres el poemario
y el agua corre limpia
entre los versos,
sin distinguir piedras
de arena,
en la isla, en la llanura.

Arrulla ideas,
sinfonía de palabras,
partitura en el aire.
Fluir de transparente.

Soñar despierto

Si creo en la vida y en la muerte
es porque me has amado.
MANUEL JULIÁ

La poesía brota
de bocas del recuerdo,
por caminos que bifurcan.

Somos hijos
de una misma madre,
que en sueños aparece
cuando ya se fue.

Si digo amor,
alfa y omega despiertan.

Pasaporte

Un hombre va cayendo
hacia una llanura de cemento.

Dionisio Cañas

Salta el océano
con borbotones de vida,
deja correr corazones
rotos,
botellas enjauladas,
disfrazados esqueletos
de marionetas,
poligamia
a una sola mano.

Y nombres de dos territorios,
La Mancha y Manhattan,
distantes, diferentes,
con tres vocales ancladas.

Las migajas del camino

Tengo una inefable vocación de camino.

VALENTÍN ARTEAGA

Siempre vuelve a las aspas
de todos los vientos,
al recuerdo
de los años trágicos,
a los hijos sin padres,
al pan como alimento,
a la madre
que le hizo feliz.

En el largo camino
ha hecho sagradas
todas las esquinas,
con misericordia y aliento
a cada paso.

Llorando vida

Daré palos de ciego
en profundas heridas.
José María González Ortega

Cientos de páginas volaban
de mis manos a las tuyas.
Con una sábana envolvimos
tu tristeza.
Recorrí los pasillos
que hoy te dan vida y amor.

Besabas las palabras,
ardían tus pasiones,
los versos no salían a la calle,
el cuerpo no respondía,
soledad a manos llenas.

Toda la pasión

Un zarpazo de frío me desgarra el costado
y un dolor de cristales se arrastra por mis horas.
Juana Pinés

Te dejaron como herencia la palabra,
por las venas corría la escritura,
eres torbellino de asfixia,
de denuncia y de hierbabuena.

La muerte ha abierto tus maletas
donde guardabas tus devocionarios,
víctima de un frío que desnuda.

Hija de la indiferencia que calla
lo que ve por estos lares,
donde el grito se desploma.

Poetas en vuelo

Cuatro palomas
se posan en mi terraza,
forman una partitura musical.
Cada una mira hacia un lugar,
vuelan hacia horizontes
diversos.

Los poetas de la tribu
revolotean,
recitan sus versos
de ventana en ventana,
buscan quién les escuche.

Son la voz coral de la tierra.

II (2)
Poetas de mar

Posaré una flor

Nada mejor que el mar
para apreciar la tierra.
FRANCISCA AGUIRRE

Qué descubrimiento
tu poesía,
la fuerza de la pluma
desgarrada.

Desde los ventanales
has visto recorrer
el pasado flotando,
sobre un mar
de tierra y posguerra.
Viviste el amor
como un juego
de soleares y guitarras.

Qué lección
del cuerpo humano,
qué humanidad en tus versos.

Besos de arena marina

Labios abrevan mi vientre.
José Luis Ferris

Navegas en vidas ajenas
que se fueron
al Olimpo de los dioses.

Las olas bravías inundan la arena
de cuerpos femeninos desnudos.
El sol ha solidificado la piel y las venas,
los pechos se mantienen erguidos,
los cabellos resbalan por los aires,
las piernas se unen en las ingles
profundas.
Es un terremoto de ternura,
de sensualidad difuminada.

En el beso,
la sal se aleja del agua.

REENCUENTRO

caminan los fantasmas de mi vida

FRANCISCO MAS-MAGRO Y MAGRO

Medio siglo atrás,
varios hombres y una mujer
unían sus voces a sus versos,
luego la dispersión.
Tú y yo nos reencontramos,
nunca hubo sangre en el poema.

Lo cotidiano se convertía en glosa,
la memoria se adjetivaba,
la música de blues revivía lo vivido,
el mundo remontaba el pasado,
la luna dormía
y el arroz volaba por los aires.

De película

Uno no puede huir nunca
de sí mismo.
Joaquín Juan Penalva

Por la pantalla circula la ficción
de la realidad,
juego de espejos,
cristales masticados.
Los directores
reinterpretan guiones
que hacen suyos.

El acomodador con su linterna
enfocó el asiento de mi padre,
asiduo espectador solitario.
Ahora, todas las noches,
una película y una manta liviana.

Tus versos te llevan
a uno mismo.

ABECEDARIO

Sé que escribir es mi única victoria
contra la muerte. Escribo.
ANTONIO GRACIA

La vida es como un abecedario
que compone páginas de libros,
las primeras letras son la infancia,
las últimas...
poder llegar a la y griega, zeta.

Superado el camino en los cincuenta
hay alegrías que duran poco,
poco que se acumula en mucho.
Las noches se van haciendo largas,
los sueños cada vez más breves.

No solo palabras

La naturaleza no hizo de intermediaria,
la loca brisa encauzó los destinos
en el corazón de los sentimientos,
donde no solo son palabras.

En los bajos de las estanterías
fluían poemas que no son de hoy,
son de siempre,
versos y monólogos unidos
para perdurar.

Mirarse en el silencio

Solo el silencio oirá mi desmesura.

PILAR BLANCO

Como un río que abraza
un nuevo destino,
sus aguas llevan en sus ondas
armonía, deseo de encauzar.

Qué dura es la palabra,
cuánto dolor de sentimiento.
El mundo es un jardín
de olvido y sombras,
tal vez un sueño, un aire
sin barrotes de salida.
Una ráfaga de luz,
una tormenta de fuego.

PESCANDO EN MAR ABIERTO

> Busco la magnitud de lo habitable.
> LUIS BAGUÉ QUILEZ

Se nace, trabaja y vive
en lugares diferentes,
el mundo da vueltas,
hay pueblos
que son como barrios.

Escribe y reescribe
versos con ironía
que producen burbujas.
Las puertas giratorias
unen el mar
con estrellas fugaces.

Vademecum de tierra y mar

En un mismo cesto,
docenas de fresco aire
son envueltos en versos
libres y endecasílabos,
los dos extremos
de una métrica.

Con la maleta cargada
de estrofas,
los de tierra recorren pueblos
y ciudades con sus *cántigas.*

Los de mar recitan sus versos
desde la pasarela
del *puente de los espejos.*

sólo amar y lo demás
se dará por añadidura
JORGE RIECHMANN

III
En el corazón

DUETO

Hemos subido y bajado
la escalera del río,
sin dejar peldaños.
Mar y océano,
paisaje urbano y natural.
Camino interminable
sin acompañamiento.

Tú y yo, con lo exacto.

9 DE NOVIEMBRE

El ramito de violetas
aromatizaba dudas,
año tras año.

Un muro de piedra pintada,
entre dos mundos,
caía.

La Almudena
abandona su real lugar,
para pasear por la calle Mayor.

Y tú llegaste al mundo,
en el Campo de Calatrava,
rodeada de flashes.

La risa

Es más difícil despertar
la risa que el llanto.

Si después de muchos años,
aún se agranda tu sonrisa,
ha valido la pena vivir.

AIRE

Al entrar el verano
hemos dejado correr el aire,
necesario,
para volver a mi origen:
el carrusel de colores
se pasea por la calle,
la pólvora rompe los sonidos
de la música,
el fuego lame las ventanas,
hay vida detrás de las palmeras.

Ven, aquí te espero.

Cosas que hacer

Mujer,
no me digas dónde dejas
los papeles,
las llaves de tu tesoro,
el cajón de los recuerdos,
las mariposas voladoras.
Tenemos cosas que hacer,
más de un cuarto de siglo
subidos al mismo tren.

Vivo la vida
en libertad contigo.

EL ÁRBOL DEL AMIGO

El viento azota ramas y hojas,
se desprenden y mueren.

Son como los amigos,
dispuestos a dar sombra
en tardes de soledad.
Te vas, vuelves, están ahí.

J. M. Dos veces adiós

Un dolor profundo
te separa de la vida,
te va rompiendo internamente.
El triste adiós
es la noticia anunciada.

Al volver la vista
llegan despacio los momentos,
las frases perdidas
que no dio tiempo a concluir.

Viviste el amor
como recuerdo eterno;
el deseo fugaz
como soledad compartida.

Tú no eres solo tú.
Hay en mí dos personas
en una misma despedida,
ambos con todo el afecto,
en dos veranos seguidos.

Con él dormía ciertas palabras,
contigo paseaba ilusiones.

Andando entre cipreses

El tiempo hundió su arado entre la calcinada
tierra: donde hubo fuego y vida palpitante.
CARLOS SAHAGÚN

En tarde de otoño
recorremos caminos
de pirámides verdes.
Éramos tres,
formando una escalera
de amistad.
El primer peldaño,
marchó hace dos décadas,
nunca lo he olvidado.
Escrito está su nombre
en el columbario.

Las imágenes de un ayer
corrieron a galope de caballo.

INGENIO

Desde la llanura hasta el norte
un vuelo de imaginación
recorre el espacio de la mente.

La sátira, el sarcasmo, la música
dan forma al espectáculo
en las tablas.

En las entretelas del alma lleva
la sonrisa, el abrazo, el beso
para los que quiere y le responden.

Vuelo a casa

> Yo oprimo sus manos;
> yo la estrecho contra mi corazón.
> RABINDRANATH TAGORE

Llegó del triángulo de las lluvias,
con un pasado olvidado
en el estuche de lápices.

En una ráfaga de tiempo,
formó palabra tras palabra
una gramática de deseos.

Cambió un vacío mundo
de arroz con arroz,
por una madre y un abuelo.

Su felicidad es contagiosa;
el futuro, un amanecer
con estrellas.

60 OTOÑOS Y PRIMAVERAS

Aquellas calles empedradas
de los primeros saludos,
de faldas cortas con calcetines,
de siluetas femeninas
que empezaban a despuntar.

Mientras la música sonaba
en un recinto cuadrado,
que hoy es Patio de Comedias,
bailaban corazones,
soñaban atardeceres,
bebían la vida poco a poco
como líquido fresco.

Por debajo de los arcos del paseo
caminan mujeres
que tienen ante sus ojos
a las amigas de siempre,
las fotos de los que se fueron
y llegaron,
la belleza madura
de un espejo que nunca engaña.

60 otoños de ver volar las hojas,
60 inviernos de besos cálidos,
60 veranos de viajar con la mirada,
60 veces primavera.

La vida me rodea, como en aquellos años
ya perdidos, con el mismo esplendor
de un mundo eterno.

Francisco Brines

IV
El entorno

FRENTE AL MAR

> El mar baila por la playa
> un poema de balcones.
> FEDERICO GARCÍA LORCA

Tres balcones
miraban al Mediterráneo.
En olas de colores
blanco, rojo y negro
flotaban palmeras
de viento y sol.
La playa a un lado,
enfrente el mar,
ya no hay redes,
ni pescadores.
Pasos para caminar.

Hoy,
en mi terraza
frente a una sierra
que oculta el mar,
la brisa abanica
con toda su fuerza.

EL TRANVÍA

De niño
memorizaba en el tranvía,
de casa a la clase,
listados de nombres,
de fechas.
No nos enseñaron a pensar.

Aún recuerdo el traqueteo,
la campana,
el chirrido de las ruedas,
los que bajaban y subían
en marcha,
y ese olor...
recuperado en Lisboa.

He vuelto a ir sobre raíles,
dejando libre el pensamiento.

El instituto

En la ciudad de los dos castillos
destaca en las alturas
el Instituto.
Desde allí se ve
la ciudad poblada de torres
que rompen el paisaje azul.

Recuerdo
cuando subía y bajaba los peldaños.
El polvo de las tradiciones
se diluía con un aire nuevo.
Encontré a los perdedores
de la contienda,
sus casas se forraban con libros.

Una tarde en el pinar

El mar unos días sonríe
con aguas claras, tranquilas,
otros manifiesta su mal humor.
La orilla con sombra
es un placer para la lectura.

En la huerta,
la fachada de la casa
y las palmeras
lucían un nuevo resplandor.

Por la tarde, en el pinar,
en la esquina de los recuerdos,
conversaciones en círculo
con la sierra y la montaña
a cada lado.

El pozo

Entre la acequia
y la casa de la huerta
hay una planta de papiro
que invita a escribir
y un pozo blanco,
con la piel cuarteada.

Tenía una puerta
abierta a las profundidades.
De su cúpula colgaba
una cuerda con un cubo de zinc.

El agua, mano a mano,
iba a la pileta
y con una garrucha
se portaba
a las habitaciones.
Era el ejercicio matutino
antes de ir a bailar las olas.

Luego...
las cañerías
hicieron su trabajo.

Mosquitos

Con negra vestimenta
y vuelo casi invisible,
en la huerta revoloteáis
las piernas y los brazos,
buscando fresca sangre,
olor a sudor y a colonia.

Aquellas *revoltosas, amigas viejas,*
no son tigres con alas.
Sois la desgracia del verano,
el sonrojo de la piel,
el escozor que se extiende.

Abrazos de agua

> Tanto río que va al mar
> donde no hace falta agua.
> MIGUEL HERNÁNDEZ

Los ríos se deslizan
por montañas y valles,
serpentean.
Hacen falta más abrazos,
que lleven agua
hacia todos los rincones.
Tiempo habrá
para que lleguen al mar.

Tierra seca

No parece un paisaje,
sino la descripción desalentada
y seca de un paisaje.
Luis García Montero

Verde y marrón es el paisaje
cuando me zarandeo en el aire.

La nieve se evapora
en el vertical de la montaña.
Los árboles se secan,
el suelo se agrieta,
los frutos caen aburridos.
El chorro del agua de la fuente
languidece.
Camino a pie por la laguna seca,
de una orilla a otra.

El desierto avanza.

Lodo

La lluvia de otoño
no siempre riega,
nubes borrascosas
ascienden y se enfrían,
vomitan ríos de agua
sobre los bancales secos.

El barro todo lo inunda,
el paisaje se destruye,
desesperación,
muerte.

BANALIDAD

Todo el mundo fuera,
que los focos no se apaguen,
el hombre viene de un triunfo
pero busca otra gloria.

Vive en yo, mí, me, conmigo
los días del año.
    Los medios le son favorables.

Cuando bajes a la tierra,
a lomos de las olas, avisa.

REFLEJOS

De mayo a mayo,
de revuelta a revuelta,
los libros saltan por los aires,
en los campus se acampa.

ÉXODO

Llegan a la civilización
por caminos húmedos.
Son pasto del océano.
Grandes ojos
con mirada de hambre.
La desgracia se pasea
por sus cuerpos.

Historia local

Campo de apagados volcanes.
Tus tierras de secano y cenizas
se labraron para un tubérculo
que ya es pasado.
La democracia y el carnaval
se besaron,
dos nuevos espacios
dieron protagonismo
a la cultura y el progreso.

Con la amenaza de malos olores
y ruido de monedas en la bolsa,
la gente salió a las calles,
muchos de dentro no se unieron.
Hubo una ausencia,
luto en las entrañas.

Recolpilación

Tras *De amores batallas mentiras* (1979), que recogía poemas escritos a lo largo de la década de los setenta, publiqué dos poemarios en 1998 y 2005, en Madrid, Ciudad Real y Alicante, respectivamente, las ciudades que me han acompañado a lo largo de mi vida. Con aquellos poemas, organicé una mixtura literaria (prosa-verso): *Autografía* (BAM, Diputación de Ciudad Real, 2019). Se ha dicho que es un mestizaje inclasificable, peculiar, de lectura ágil y amena, como si asistiéramos a un recital donde narro mi recorrido vital: la poesía y los poetas, la mujer, la España cainita, la familia, los amigos y los viajes.

Cuando creía que la creación poética representaba el pasado, di a conocer diecisiete años después de publicar *Memorias de papel* (Instituto Alicantino de Cultura Juan Gil-Albert, 2005), mi cuarto poemario: *La mirada circular* (Mahalta, Ciudad Real, 2022), ahora ya con signos de puntuación. Es observación descriptiva del presente y del pasado, marcado por la sinceridad, la sencillez y la claridad, como han afirmado distintas voces, donde van pasando los siguientes aspectos: las estaciones del año, mi mujer, este país, la pandemia, un viaje desde mi terraza por las comunidades autónomas, y por último, una serie de dedicatorias.

Ahora vengo a presentar el último poemario: *JÚBILO*. La primera de sus cuatro partes se titula «Vivir la vida» *y* se inicia con el poema «Laboro», resultado de más de cuarenta años como profesor universitario (docencia, investigación y cargos académicos) hasta ver volar la tiza de las manos. Los siguientes poemas hacen referencia al cambio de la piel, a los elementos que a uno le acompañan en el atardecer de la vida y el homenaje a mis apellidos franceses. 2 «Poetas de tierra y de mar», los de tierra (Ciudad Real), donde llevo 50 años viviendo, y de mar (Alicante), donde nací y últimamente paso algo más de tiempo. La mayor parte de los seleccionados para nuestro siglo actual, viven, sin olvidar los que pertenecen a grupos poéticos y las dos recopilaciones genéricas o vademecum. 3 «En el corazón» existen dos bloques bien diferenciados: el agradecimiento de estar enamorado desde hace casi tres décadas; y los amigos necesarios que permanecen y los que se han ido. Y 4 «El entorno» comienza con los lugares urbanos y rurales de mi «terreta», más los temas que nos rodean en nuestro espacio vivido.

Mi agradecimiento a la editorial Mahalta, que nuevamente vuelve a confiar en mí; a Elena de Jongh, hispanista estadounidente, por su prólogo muy meditado; a Juan Manuel de la Pena «Lupo» por el dibujo de la portada, al que dediqué hace pocos años el poema «Ingenio»; a mi mujer, Emilia Sánchez por la fotografía de la solapa; y por último, a la **Poesía**, que tanta felicidad me ha aportado, como lo demuestran las citas poéticas que aparecen en el poemario.

ÍNDICE